고요의 초상

오은주시조집

목언예원

고요의 초상

지은이 · 오은주
펴낸이 · 민병도
펴낸곳 · 목언예원

초판 인쇄 : 2020년 9월 5일
초판 발행 : 2020년 9월 10일

목언예원
출판등록 : 2003년 2월 28일 제8호
경북 청도군 금천면 선바위길 53 (신지2리 390-2)
전화 : 054-371-3544 (팩스겸용)
E-mail : mbdo@daum.net

ISBN 978-89-94733-92-0 03810

값 8,000원

이 도서의 국립중앙도서관 출판예정도서목록(CIP)은 서지정보유통지원시스템 홈페이지(http://seoji.nl.go.kr)와 국가자료공동목록시스템(http://www.nl.go.kr/kolisnet)에서 이용하실 수 있습니다.(CIP제어번호: CIP2020036626)

고요의 초상

오은주시조집

목언예원

■ 시인의 말

사부작 또 사부작
걷고 걷고 걸어왔다

산으로 들판으로
물가로 마음 길로

낙서 속
오두막 한 채
몸 밖으로 보낸다

2020년 가을
오은주

CONTENTS

고요의 초상

— 오은주 시조집

PART 04 | 하얀 기억 • 63

바람의 넋

마애 · 1

마애 · 2

마애 · 3

마애 · 4

마애 · 5

마애 · 6

마애 · 7

마애 · 8

마애 · 9

마애 · 10

마애 · 11

마애 · 12

마애 · 13

마애 · 14

마애 · 15

마애 · 16

마애 · 17

01

마애 · 1
–불곡 마애불좌상*

명치에 돌을 얹고 홀로 사는 삶이여
젖은 풀 밟아가며 하늘 문 두드리고
눈물로 갈 길 닦는데 어찌 웃고만 있을까

절망을 갈아먹고 푸른 열매 얻는다면,
날개 접고 움츠렸던 그 가슴 펴진다면,
뭉개져 사라진 코로도 깊은 숨을 쉬겠네

*신라 최초의 마애불, 삼신불이라 추정한다. (7C초)

마애 · 2
–탑곡 마애조상군

세상 문 열었거든
뜨겁게 살아야지

제 한 몸 활활 태워
재가 되는 침향처럼

죽고도
다시 사는 숨
핏빛으로 앉아있듯

*총 34점의 도상이 있고, 둘레 40m의 거대한 바위에 사방으로 부처님의 세계를 조각하였다. (7C중엽)

마애 · 3
—윤을곡 마애삼존불*

눈 뜨고도 보이지 않는 깜깜한 세상 속은

한 발짝도 내 딛지 못할 천 길 낭떠러지

내 두 눈 그대 가져가 금빛 세상 보고 사소

봄 가을 새소리에 마음의 눈을 뜨고

해와 달, 별과 구름 풀빛에 가슴 젖어

지상에 멈춰진 시간 활짝 열어 붉게 사소

*동남향 바위의 왼쪽 불상으로 약합을 들고 있는 약사불이다. 왼쪽 눈을 긁어 움푹 파여 있다. (835년)

마애 · 4
–칠불암 마애불상군*

밥이 뛰어 다닌다, 한판 승부 겨루듯
툭, 터진 검은 밑창 만신창이 되어도
한 그릇 밥을 위하여 닫힌 문 쾅쾅 찬다

내 집에서 월세로 맵고 설운 시간 감고
또 다른 줄 설 곳 찾아 밥 구하는 한 여자
빌딩 속 가로지르는 발바닥이 뜨겁다

끊어진 길 위에서 어둠 벽 힘껏 밀고
가풀막 기어올라 검은 절망 긁어낸다
끌고 온 진흙의 흔적 감싸주는 저녁놀

*일곱 불상이 새겨져 있으며 남산의 불상 중 으뜸으로 손꼽힌다. (8C초)

마애 · 5
—용장사지 마애불좌상*

살면서 가끔씩은
바람이 위로가 된다

오래 머물지 않고
지나가는 일이란 걸

한치 앞
보이는 벼랑
새 봄 다시 피어나듯

*오른손은 땅을 가리키는 항마촉지인 수인을 하고, 머리는 나발이
정연하게 돌아 있다. (8C)

마애 · 6
–신선암 마애보살상*

만남과 헤어짐의 거리는 얼마일까
둥글게 휘감았던 당신의 가슴속에
어느 날 지은 집 한 채 바람의 넋이었네

주춧돌 하나 없이 구름 기둥 세우고
맘대로 뿌리내려 함께했던 시절 인연
마침내 길을 버리고 배경으로 남았네

*설법인 수인을 하고 벼랑 끝에서 마주하면 보살상이 구름을 태워 천상으로 이끌어줄 것 같다. (8C후반)

마애 · 7
–열암곡 마애불상*

내 안에 잠들어 있는
흐림을 헤아린다

땅의 소리 귀를 열고
엎드린 부처님 앞

말없이
홀로 남아서
죄 하나를 닦는 새벽

*약 1300년 동안 불상이 원래의 위치에서 앞으로 넘어진 상태에 있기 때문에 자세한 모습을 알 수 없다. (8C 후반)

마애 · 8
–삼릉계 마애관음보살입상*

한 집 건너 걸려있는 점포세 상가 임대
화려한 불빛들은 벼랑 끝에 숨죽이고
불 꺼진 캄캄한 간판 빈 골목을 잡고 있다

소리 없는 아우성일까 수시로 바뀌는 상호
한평생 남의 옷만 다림질하던 김씨 부부
갚아도 마이너스 통장 몸집만 부푸는데

애끓는 한숨소리 허공에 집을 짓고
명치에 얹힌 체기滯氣 숨 멎을 삶의 뒤란
언제쯤 가슴 뻥 뚫릴까, 한 모금 사이다처럼

*하늘에서 하강하는 모습으로 왼손에는 정병을 들고 있다. (8C후반–9C초)

마애 · 9
–삼릉계 선각마애여래상*

누구의 심장 하나
저 바위에 옮겼을까

세상의 피랑에서
불이不二의 노래 부르던 님

장삼을
벗어던지고
바위 속에 앉아있네

*개울 건너 절벽에 얼굴 부분만 선각으로 희미하게 새겨져있다.
(8C말–9C초)

마애 · 10
–보리사 마애불좌상*

삭제할 수 없는 말, 홀로 그린 도돌이표
누군가의 가슴에 못이 되지 않았는지
내 안에 앉은 먹구름, 불면의 현 켜고 있다

올올이 여민 옷깃 흰 앞섶 풀어 볼까
어깨 위 처진 두 귀, 그 속으로 걸어볼까
너와 나 사이를 가른 견고한 벽 앞에서

짧은 팔 길게 뻗어 어깨 겯는 들국화처럼
서로가 하나 됨에 다다르는 길이라면
기꺼이 나를 보낸다, 뒷모습 아픈 네게

*수인을 가리고 있으며 마애불의 시선은 동쪽을 향해서 옛 신라의 중심지 곳곳에 닿아 있다. (8C후반–9C초)

마애 · 11
—삼릉계 상선암마애여래좌상*

미소 짓는 얼굴 뒤로
벼린 칼이 보인다

달콤한 립 서비스
설탕처럼 뿌려두고

가슴은
꽃구경 갔나
헛웃음이 서늘하다

*설법인 자세로 남산에서 두 번째 큰 불상이며, 형산강 주변의 내남 평야를 바라보고 있다. (8C후반-9C초)

마애 · 12

–백운대 마애불입상*

내 삶의 비밀번호
그대가 모르듯이

봉인 된 당신의 삶
연주법을 모릅니다

반백년
익어 온 시간
침묵으로 안습니다

*불상 목 주위에 세 개의 주름으로 삼도가 입체적으로 표현되어 있으며 시무외인 수인을 취하고 있다. (8C 후반)

마애 · 13
–부엉곡 선각여래좌상*

길 잃은 가슴 안고
찾아가는 황금빛 품

가득 실은 수레도
품었던 인연들도

고요히
놓아주는 손
가는 길이 환하다

*불상의 몸이 황금빛으로 물들어있으며, 극락세계를 기원하는 사람들이 밤에도 기도하러 왔다고 전해진다. (9C)

마애 · 14

–삼릉계 선각육존불

해독解讀은 신이 하는 일, 닫힌 문 열고 싶어
출생이 전부인 이력 두려움이 속성이지만
찢어진 악보들 엮어 노래하듯 걷고 싶네

당신 뜻 품고 살면 훨훨 갈 수 있을까
구름 위에 신발 벗고 미소 짓는 낮달처럼
새롭게 편곡하고픈 내일, 꼭 껴안는 그믐날

*동 · 서로 펼쳐진 바위 면에 선각으로 현생과 후생이 동시에 새겨져 있다. (9C)

마애 · 15
–약수곡 마애불입상*

붉은 해를 업고가다
이젠 내려놓겠네

되돌아올 수 없는
고요의 초상 아래

뜨거운
지하 문 열어
풀꽃으로 피겠네

*극락왕생을 기원하며 독자적으로 조성했을 것이라 추정한다. (9C 말–10C초)

마애 · 16
–탑골 미완성마애불*

이 몸속에 남겨둔
못다 새긴 그대 마음

불러도 대답 없네
바람 함께 떠난 사람

언제쯤
다시 돌아와
실눈을 뜨게 할까

*조성연대를 알 수 없고 희미하게 윤곽만 남아있다.

마애 · 17

–삼릉계 마애불좌상

그대가 힘껏 당겨야
열리는 문이라면

나는 살며시 밀어야
열리는 문인가 봐요

닫아도
훤히 보이는
그 눈빛 둥글어요

*남산의 마애불 중 가장 늦은 작품, 불상 옆에 부부바위가 있다.
(13C–14C)

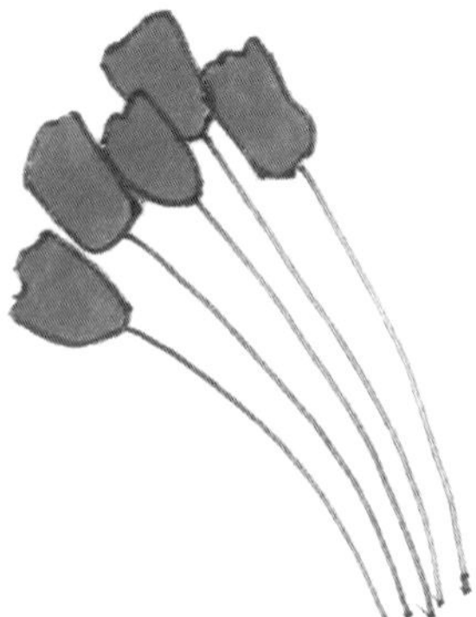

02

한결같은 저 행보

비백飛白

가야 할 길 하나와 가고픈 길 사이에
못다 꾼 꿈이 있어 무릎 고쳐 앉으면
불현듯 돌아와 묻는 옛 스승의 선문답

무뎌진 붓끝 비껴 여명이 오기까지
겨울밤 홀로 깨어 펼쳐든 원고지에
달빛이 한 획을 긋자 두 획을 지우는 바람

백 년에 백 년이 가도 꼿꼿이 걸어갈 길
멈췄다 다시 걷는 어느 초인의 손끝 따라
도도히 문장을 치며 날아가는 새 한 마리

또바기

개미를 주시한다, 산 하나를 업고 가는

꿈을 향해 걸어가면 벼랑도 사뿐할까

등짐에 고이 올려진 한결같은 저 행보

계영배戒盈杯

비 오는 연 밭에서 계영배를 만난다
연잎 위에 빗방울이 구르다가 모여들면
한동안 껴안아보다 미련 없이 쏟는다

제 몸에 맞게 담고 넘치면 흘려보내는
꿈도 날선 욕심도 걷어내는 저 실루엣
무명 빛 가슴을 열어 길 하나를 담는다

복기復棋

서울 가는 KTX 역방향 좌석이다
등 뒤로 달리는데 선명하게 지나는 풍경
가만히 걸어온 시간 목산目算하며 읽는다

앞만 보며 걷다가 보지 못한 구름 바람
나는 왜 어제 핀 꽃, 향기 맡지 못했을까
뒤늦게 손 흔들어준다, 멀어지는 나에게

강낭콩

허공을 딛는 법은
어디서 배운 걸까

맨발로 한 걸음씩
절망을 딛고 서서

제 생을
밀어올리는
앙증맞은 작은 거인

중심

왼쪽으로 눈 돌리면
어제의 내가 있고

오른쪽에 맘 돌리면
내일의 내가 있다

가운데
시조時調를 세운다
고독마저 저리 환한

환아잠*

바람이 고요한 날은 오히려 쓸쓸했네
수시로 펄럭이며 허공을 배회하던
내 안엔 나로 가득 차 눈먼 장님 되었네

하구로 흘러온 물 골짜기를 돌아보고
산수유 노란 꽃은 가지를 그리는데
아무리 돌아보아도 잃어버린 내 모습

아내와 또 엄마로 그 이름에 가리어져
자꾸만 날 부르는 소리를 외면한 채
빈 들녘 무덤에 갇혀 나를 잊고 살았네

먼지 낀 일상들을 책상 위에 펼쳐놓고
희미한 행간마다 밑줄을 그어보네
이제야 다시 찾은 꿈, 단단히 놓지 않겠네

*이용휴(1708-1782)에게 신의측이란 제자가 '참된 나를 찾는 방법'을 묻자 그를 위해 지어준 글.

방화범

눈치는 안개 같고
감성은 무딘 칼날

미지근 식어버린
불연성 몸이지만

가슴속
불질러놓은
넌 누군가, 시조時調여

지상에 없는 계절

번갈아 찾아온다, 오십견에 불면까지
가끔은 힘이 들어 응답조차 안 해도
네 마음 상관없다는 듯 들락대는 방문객

열대와 한랭전선 까닭 없이 넘나들고
마디마디 아린 뼈 닦아도 쏟는 눈물
심장 속 지친 꿈들은 모였다 흩어진다

어느새 닿았는가, 가슴은 풀빛인데
수수께끼 같은 계절 웃으며 맞으리라
빈 들녘 스치고 가는 바람 같은 갱년기

섬, 그리고

휴대폰 잃어버린 한 순간의 건망증
외로운 섬이 되어 망망대해 떠다닌다
모두 다 어디로 갔나, 그 수많은 실루엣들

이름과 전화번호 사진과 메모장들
카톡과 SNS와 유투브와 동영상
이처럼 고립무원에 빠뜨릴 수 있다니

가만히 생각하면 모두가 부질없어
소란만 가득했던 지난날을 돌아본다
문명을 잃어버린 후 비로소 찾은 자아

드라마를 쓰다 · 1

대지가 수런댄다
밤새워 쓰는 각본

꽃과 나무, 구름과 바람
모두가 주연이다

이 아침
해산한 산하山河
훔치고 싶은 저 문장들

비장소*

영화관 역 대합실 휴게소 쇼핑센터
군중 속 섞여 봐도 여전히 외로운 나
찾은 건 빈손뿐이라 바람만 스산하다

어디에나 있어도 어디에도 없는 장소
캄캄한 허공 같은 그 속을 헤매이다
오늘도 혼밥을 먹고 나 혼자 잠이 든다

*마르크오레의 저서 『비장소』에서 따온 것으로, 현대인의 군중 속 고독을 상징적으로 일컫는 용어.

목소리

전화기로 들려오는
수많은 느낌표들

칼날이 와서 닿고
햇살로도 감겨오고

민얼굴
그대 마음 색
심장보다 먼저와

무시로 달꽃이 피는

03

용장사 삼층석탑*

누가 천마天馬 타고
하늘 돌 실어 와서

천척 난간 위에
탑을 쌓아 두었나

무시로
달꽃이 피는
기다림의 바지랑대

*용장사 삼층석탑 : 경주 남산에 있는 통일신라시대의 화강석제 석탑.

슬퍼서 아름다운
—천관사지에서

쑥 향기 피어나고 으아리꽃 몸 흔드는
켜켜이 쌓인 그리움 온 벌판에 새겨있다
차갑게 돌아선 발길, 인사 대신 울음 놓고

우연히 만났다고 사랑이 아니더냐
무릎 꿇고 향 피우며 눈물 흘린 한 사내
차라리 죽음을 택한, 먼 그대 다시 불렀던

몇 바퀴 지구 돌아 마주 앉은 옛 얼굴
안개꽃 한 아름을 사죄하듯 건네 온다
때늦은 시절 인연 앞, 절룩이며 오는 당신

얼굴무늬 수막새

깨어진 얼굴 한쪽
시간 뒤에 감추고

천년을 한결같이
둥글게 미소 짓는

그 모습
아름다워라
서라벌의 어머니

편지
–다산초당에서

"농사를 지어도 굶주림이 그 안에 있다."
십 년 넘게 소식 없던 제자에게 보낸 서신
봉투도 형식도 없지만 침鍼 같은 말씀이여

소나무에 등을 기대 달빛 안은 큰 바위
물 한 모금 못 삼켜도 큰 뜻 받아 적었던가
스승의 무명빛 사랑, 길을 닦는 회초리여

*『다산여황상서간첩(茶山與黃裳書簡帖)』 수록 정약용 친필 편지.

달항아리 · 1

반달 위에 다시 반달 물레 위에 올려놓고
엄지로 꾹꾹 눌러 한 몸으로 꿰매는 손
해종일 걸어온 꿈길, 달이 둥실 돋는다

비바람도 등을 돌려 눈물 걷힌 하늘가에
천 삼백도 장작 가마 혀가 파란 불춤 속에
서로를 품 안에 들여 포개보는 두 어깨

첫새벽 길을 가듯 눈길마다 낯선 시간
저무는 노을 한 장 지도에서 사라지면
빈 하늘 환하게 밝힌다, 첨성대 하늘 위로

달항아리 · 2

서먹한 너와 내가 한 몸으로 태어나
꽃 피고 별이 뜨고 심장에 새긴 나날
한 그루 연리지 되어 하얀 뼈를 녹였다

저마다 가슴속에 끓는 불꽃 없을까
너를 향한 내 허물 모질게 도려내면
눈물로 반죽한 시간 몸부림이 뜨겁다

거센 폭풍우도 기도하듯 품는다
속 태운 깊은 상흔傷痕 침묵으로 감싸 안고
그대를 가슴에 들인다, 단 하나의 숨소리

317*

암흑 속에 잠긴 이 땅 햇살 가득 채우리라
자갈밭에 뿌리내린 민들레 들불처럼
한 치도 물러설 수 없다, 아리랑 아라리요

잃어버린 이름 대신 317, 꺾어진 꽃
코와 귀 잘려지고 손톱 발톱 다 뽑혀도
가슴속 남은 선지 빛 꿈, 횃불 되어 맞서리라

*서대문형무소에서 유관순의 수인 번호.

뜨거운 목소리

두꺼운 벽 속에서도
희망은 꽃이었네

창문열고 던져주는
콩밥덩이 외면해도

당당한
내일 노래하는
그대* 기도 쉶고 붉은

*1919년 서대문형무소 8호 감방에 수감 된 7인의 여성독립투사(유관순, 김양화, 권애라. 신관빈, 심명철, 임명애, 어윤희).

빚 그리고 빛

평생을 빚으로 사는 이씨의 걸레에도
창문 열고 들어오는 햇살은 환한 안부
가슴에 등불 밝히며 숨 가쁜 턱 올라서는

이십층 빌딩 창을 별서別墅처럼 드나들며
뚜벅뚜벅 사막 걷는 그는 어쩜 늙은 낙타
꿈꾼다 빚이 빛이 되는 너털웃음 한 생애

두더지 잡기

카드 빚 갚고 나면
사글세 날 다가오고

불쑥불쑥 치솟아
눈 흘기는 고지서

끝없이
돌려 막는 삶
막간이 너무 짧다

블랙홀

언제든지 열리죠
원터치 붉은 창문

남자를 삼키고
여자를 집어 먹는

화면 속
터치 또 터치
빠져드는 유투브

다시, 봄

네 달째 밀린 레슨비 다시 한 번 독촉한다
말일까지 보내겠다던 약속도 벌써 몇 번
구멍 나 머뭇거리는 맘 바람이 와 타이른다

튀기지 못한 생 닭, 냉장고에 모로 눕고
기다림에 무릎 꿇고 줄 담배만 태우는 아비
아이는 여린 손으로 건반 위를 춤춘다

언제쯤 지친 삶에 유성 하나 내려올까
크고 맑은 눈동자에 기약할 수 없는 내일
툭 툭 툭 갈라터진 가슴, 풀꽃들아 피어라

생각

방에 있는 똥 한 덩이
오물이라 말하고

논에 있는 똥 한 덩이
거름이라 말한다

먼 길을
찾아 헤매던
답 하나 찾은 저녁

원하지 않는 선물

이 봄날 느닷없이 네가 올 줄 몰랐네
펄펄 끓는 고열로 창밖은 총성 없는 전쟁터
온 지구 출렁거리는 적*, 붉은 물이 들겠네

어디서 나타났나, 토해내는 바이러스
핏줄도 붉은 사랑도 타인인 듯 봐야 하는
세상은 포충망 속의 각본 없는 드라마

주문하지 않았지만 푸짐히 배달된 시간
시작 그리고 끝, 알 수 없는 고패질에
반품도 할 수 없는 선물 두 손으로 받아드네

*코로나 19

04

하얀 기억

소설小說

곤히 잠든 얼굴에서 책 한 권 읽습니다
봉인된 시간 따라 가만가만 걷다 보면
비탈진 골짜기에 핀 자줏빛 물봉선화

구름 한 장 걷어내자 소녀가 뛰어옵니다
뻘밭 같던 지상의 시간 칠십 년 훌쩍 지나
한때는 꽃이었을 엄마 아프도록 예쁩니다

두 눈가 넓은 이마 깊게 팬 볼우물에
눈물과 웃음으로 수없이 변주되었을
주름진 상형문자 속 침묵마저 곱습니다

뭉클

오래 된 헌책 속에 빛바랜 메모지 하나

몇십 년 잠잤을까 흐릿한 아버지 글씨

"막내야 사랑 한데이, 많이 사랑 한데이"

간이역

발길 드문 역 광장에 그리움만 내려놓고
몇 차례 기차는 가도 볼 수 없는 얼굴들
남몰래 눈물 훔치는, 아린 이름 어머니

꽃으로 남고 싶다던 당신의 맑은 한 때
오지 않는 피붙이를 눈 시리게 기다린다
야윈 몸 껍질만 남아, 낮달 닮은 눈동자

요양원 철 침대 위 낙엽처럼 누인 몸
바람소리 흩다가 우울한 짐 내 던진다
환승역 잠시 머문다, 낯선 길을 떠나려

하피첩

그리움도 깊어지면 노을빛으로 물드나요
아비의 붉은 사랑 한 획 두 획 따라가면
허공은 먼 길을 열어 두 가슴 잇습니다

답신이야 있든 없든 북향하는 뜨거운 부정
먹물보다 깊은 사무침 차마 다 못 전해도
긴 어둠 말갛게 걷고 마음 먼저 닿습니다

하얀 기억

두 손 가득 봄 향기가
초록으로 엎드렸다

제피 잎 다듬다가
소환해 온 엽서 한 장

그리움
왈칵 쏟아져
저물도록 엄마 생각

황제펭귄

얼어붙은 남극 해안 만년설 벼랑 위에
수컷들 무리지어 둥글게 둘러서서
피멍 든 꽁지를 세워 발등 위에 놓은 알

발 떼면 떨어질까 앉으면 뭉개질까
빙하들 떠다니는 세상의 혹한 앞에
당당히 마주하고 선 처절한 저 부성애

칼바람 견뎌내는 직립의 오랜 인고
천수답 논바닥에 뼈 녹인 아버지의
굽은 등 주름진 얼굴 시나브로 겹친다

젖

1.
하늘은 가슴 풀어
긴 수유를 하고 있다

구절초 마른 발등
갈증 난 뿌리에게

온몸에
푸른 피 돌아
일어서는 꺾인 무릎

2.
갓 태어난 아기에게
꿈을 물리는 어미

맑은 맘 삼키는 눈빛
또 하나의 어머니여

아이야
보이느냐, 사랑
조건 없이 뜨거운

후회

어쩌면 난 당신의 푸른 영혼 빨아먹는
초콜릿, 박하사탕, 이었는지 모르겠습니다
아무런 의심도 없이 온몸에 마구 꽂았던

한때는 꽃이요 별이고 사랑이었을
눈 감고 귀를 닫고 삼켜버린 아버지 삶
그때는 몰랐습니다, 나 또한 빨대인줄

핫팩

되돌릴 수 없는 시간의 모퉁이에서
형벌 같은 그리움은 고향 하늘 향합니다
어머니 치마폭 가득 별을 담아주시던

문고리 쩍쩍 붙는 대설大雪날 등굣길
쇠죽솥 뚜껑에 올린 따뜻한 조약돌을
새하얀 손수건에 말아 쥐어주던 울 엄마

쌩쌩 부는 칼바람도 그 사랑에 무릎 꿇고
긴 시간 걸어가도 남아있던 붉은 온기
동그란 핫팩 만지며 서룬 당신 그립니다

시나나빠*

야야 이거 한 입 쌈 사 묵어보거라
입안에 봄이 한거 핀다 아이가
야 봐라 추븐데 전딘다꼬 얼매나 욕봤겠노

내사 보약보다 이런 기 더 좋은 기라
뜯어 묵을라 카이 쪼매 미안치마는
야같이 이래 강하머 천지에 뭘 못하겠노

*유채나물을 일컫는 경상도 사투리.

일방통행

조금씩 뿌리로부터 멀어지는 네 뒷모습
튼실한 줄기와 잎, 가지에 맺은 열매
서서히 난 단풍들고 너는 더욱 푸르구나

비록 내 영토는 가난하고 척박하지만
자궁 속 유영하던 너 한 그루 재목材木 됐구나
맑은 피 흘려보낸다, 눈이 부신 사랑아

그냥

그리움도 목이 쉬면
문득, 눈물이 난다

길 떠나는 바람에게
여행 가는 구름에게

긴 편지
접어 부탁한다
홍역 같은 이름에게

옛 대문

녹슬고 푹 삭아서 이음새 벌어진 문
떠밀자 삐걱삐걱 소리 내며 흔들린다
주름이 골 깊게 패인 어머니의 시간처럼

오월의 어느 오후 찾아온 고향 옛집
어제를 서성이다 대문 밖 바라본다
불현듯 마당 안으로 들어설 것 같은 당신

05

마음이 건너오는 그 길

등

뒤에서 들여다보는 네가 더 선명하다
수천 마디 언어를 품고 있는 굽은 척추
웅크린 그 어깨너머 바람소리 맵차다

그대 등 뒤편에서 그리움을 배웠다
마음이 건너오는 그 길이 너무 멀어
사라진 온기를 찾아 걷고 있는 상강霜降의 아침

드라마를 쓰다 · 2
–일출

오늘도 시작되는 한편의 저 드라마
웃고 울고 쓰러졌다 또다시 일어서고
그 누가 연출했을까 각본 없는 연속극

사는 건 누구나 다 저마다의 스토리
눈물 젖은 빵 한 조각 삼키며 돌아보면
저만치 수평선 위로 떠오르는 또 하루

창고가 되다

잠가둔 열쇠 풀자
또리 튼 말 넘친다

껍질째 뱉은 언어
칼인 줄도 모르고

수북이
쌓인 찌꺼기
증언처럼 껴안은 몸

큐브를 읽다

4 × 4 생각상자 이리저리 돌려본다
마음이 앞선 탓일까 삐걱대는 빨강 파랑
뾰족한 고집의 주파수, 불협화음의 너와 나

넌 왼쪽 난 오른쪽 커피를 젓던 시간
맞췄다 싶다가는 또다시 원점으로
모였다 또 흩어진 채 제자리만 맴돈다

눈과 입 버리고 나면 네 마음 내게 올까
화음을 알 수 없는 우리의 노래 찾아
귀 열고 너를 향한다, 모서리가 말랑하다

13월

가슴에 달력 한 장
백지로 만듭니다

이 세상 어디도 없는
오직 내 안에만 사는

너라는
천상의 계절
적막조차 달빛 같은

라일락에 들다

얼마나 지났을까 잊고 산 너의 이름
담 너머 얼굴 내민 보랏빛 꽃가지 아래
향기가 소환해왔나, 발이 붓고 가문 사랑

가던 발길 멈춰 서서 얼음처럼 굳는 마음
단 한 번도 안녕이란 인사하지 않았던
미완성 악보로 남은 스무 살의 그 향기

냉동고를 좋아해

그대 마음 변치 않게
꽁꽁 얼려두겠네

오지 않는 메아리에
뼛속까지 울음 울 때

긴 잠든
당신 어둠 깨워
영원히 칸타빌레*

*악보에서 '노래하듯이'라는 뜻으로 표정을 담아 선율을 아름답게 연주하라는 말.

봄 · 봄

쌀알 같은 앞니 두 개
뾰조롬히 솟았다

캄캄한 잠을 나와
분홍빛 살갗 뚫고

봄 햇살
떠먹었나 봐
입안 가득 꿈꾸는 싹

다른 이름으로 저장하기

잡힐 듯 훤히 보고도 가 닿지 못하는 벽
저쪽엔 곱던 그녀 명주옷 갈아입고
훨얼훨 하늘길 떠나려 꽃단장이 한창이다

부서질 듯 두들기고 목이 쉬게 소리쳐도
뽀오얀 흰 분칠에 꽃분홍 루주 바르고
끝 모를 세상을 향해 버선발을 재촉한다

창 하나 사이에 두고 나뉘는 삶과 죽음
꽃 한 송이 지우듯 어찌 저리 쉬울까
먼 하늘 환한 안부를 다른 이름에 저장한다

토픽

처녀 개 젖을 빠는
검은 아기 고양이

모로 누워 젖 물리는
엄마 얼굴 평화롭다

낯설은
화면 속 풍경
눈이 부신 저 모성母性

몌별袂別

밥 한 끼 같이하자며
친구에게 온 전화

개화開花에 들뜬 마음
고요한 날 보자 했다

은행잎
꽃비처럼 지던 날
부음이 왔다, 소설 같은

있잖아

뛰다가 힘이 들면
잠시 멈춰도 괜찮아

풀꽃에 눈 맞추고
새소리에 흥얼흥얼

삶이란
리듬을 타는 거야
알레그로* 안단테**

*악보에서 빠르고 경쾌하게 연주하라는 말.
**악보에서 느리게 연주하라는 말.

녹綠

세도막*도 모자랐던
너와 나의 노래가

두 마디도 채울 수 없네
멀어진 그리움아

너 없이
혼자 가는 길
뺄 수 없는 붉은 눈물

*세 개의 큰악절(24마디)로 이루어진 악곡, 세도막형식.

06

작품해설

방편을 통한 자아의 확장, 혹은 사색의 담금질

민 병 도 | 시인

1

시는 두말할 나위도 없이 시를 쓴 사람의 발언이다. 자신이 체험하고 자신이 겪은 일에 대한 생각과 앞으로 다가올 일에 대하여 문자로 표현하는 가치 지향적 발언이다. 하지만 거기에는 지극히 개별적이고 독자적이며 일방적인 발언이라는 단서가 붙는다. 독백처럼 혼자서 말하면서도 허공의 꽃처럼 유유자적하게 버려두지 않고 대답을 기대하는 이중적 자세를 취한다. 말하자면 객관적인 공감대를 겨냥하되 주관적 접근방식으로 다가가는 문장의 꽃이다.

이처럼 개인적인 발언이라 할지라도 오늘날과 같은 산업구조 아래에서의 시작활동은 발표라는 수단과 독자들과의 소통을 필수적 요건으로 자리매김하고 있다. 설사 어떠한 판단이나 견해가 돌올해져 외부로 전하고 싶어도 독자와의 공감대가 이루어지지 않으면 함부로 소리칠 수가 없는 것이다. 문제는 이 독자들과의 관계성에 있다. 상품처럼 일방적으로 독자들이 원하는 발언은 차별성이 낮을 것이고 지나치게 자신의 사유에 의존하면 독자들과의 공감대가 형성되지 않을 것이기 때문이다. 이 공감대 확보를 위한 독자적인 대안제시가 시의 가독성을 좌우하는 잣대가 될 것이다.

불교의 실천수행에 있어서 '방편方便'이라는 용어를 자주 활용한다. 물론 산스끄리뜨어 '우빠야upāya'의 한역으로 '어떤 목적을 이루기 위한 방법이나 수단'을 이르는 말이다. 특히 대승불교에서 '보살의 중생구제 서원'을 실천 행으로 자리 잡으면서 다양하게 해석되고 활용되어왔다.

운문종雲門宗을 창설한 운문문언雲門文偃(865-949년)선사는 특히 실천행의 독특한 방편으로 유명하다. 새로운 변화를 갈구하여 선택한 남종선南宗禪에서 조차도 여여한 전통이 생겨나고 선대의 수행전범을 답습하는 폐단을 깨뜨리고자한 그의 선 수행은 규와 율을 초월하는 정풍을 일으켰던 것이다. 운문선사의 선사상은 제자들과의 문답을 기록한 『운문광진선사광록雲門匡眞禪師廣錄』, 일명 『운문광록雲門廣錄』에 잘 나타나 있다. 이 운문광록에서는 대체로 몇 가지 지침과 훈계를 읽을 수 있는데 "자신의 체험 경계를 넘지마라, 선이나 도를 남에게 묻지마라, 경전을 외워서 교설하지 마라, 잠시 쉬는 경계를 깨달음으로 착각하지 마라"와 같이 요약할 수 있다.

그의 선사상의 특징 가운데 하나는 우선 다양하다

는 점을 들 수 있다. 일체의 것을 부정否定하며 그것을 초월하여 언어적 사량을 뛰어넘고 있다. 그리고 다양한 방편을 통한 독특한 교화방식을 사용하였다는 점을 빼놓을 수 없다. 운문에게서만 특별히 접화방편으로서 쓰인 일자관一字關이 있었는데 '보普', '거去', '로露', '시是' 등 한 음절의 글자로서 대답하면서 일체의 망상에서 벗어나 전광석화처럼 그 자리에서 깨치도록 한 방편이 곧 그것이다. 이 같은 강력한 자기부정과 일자관식 선문답은 궁극의 자기변화와 자기초월을 촉구하는 수단이었던 것이다. 이처럼 중국의 5대선문의 하나를 열었던 그도 갖가지의 다양한 방편을 활용하여 자아의 본성에 이르고자 하였을 만큼 삶의 참모습을 찾고자하는 노력은 예나 지금이나 전혀 달라진 것이 없다.

2

방편을 활용한다는 것은 직설로는 다가서기 힘든 분명한 목적이 전제되어 있다는 의미이다. 그리고 그 목적은 어떤 논리나 경전으로도 쉽사리 하나가 되기 어려운 거리와 깊이를 지니고 있기 마련이다. 두 번째 시조집을 묶은 오은주의 시조집 『고요의 초상』에는 중점적인 발언을 빌어 마애불磨崖佛이 지닌 상징성을 채택하고 있다. 다양한 마애불을 방편으로 자신의 발언을 합리화시키고 정당성을 확보하겠다는 계산을 분명히 한 것이다.

마애불은 절벽의 바위 면이나 거대한 바위 면에 선각이나 돋을새김 기법으로 새긴 불상이나 보살상을 말한다. 우리나라에서는 7세기 전반 백제시대로부터 화강암 절벽이나 바위에 주로 새겨지기 시작하였는데 신라로 건너와 경주 남산에 집중적으로 조성되었다. 살아있을 때의 애환을 보상받을 수 있는 불생불멸의 불국토를 염원하던 신라 사람들의 발원이 남산의 암반을 중심으로 수많은 불상들을 새기게 하였다. 쉽사리 닳지 않고 쉽사리 무너지지 않는 바위에다 신라인들의 마음을 새긴 것이다. 마애불, 곧 '돌에 새겨진 신라인의 염원'이야말로 '무량광無量光'하고 '무량수無量壽'하고자 했던 그들이 선택한 방편이 아니던가. 경주 사람이라고 자처하는 오은주가 이 막연하고 다양하고 심오한 태제를 거머쥔 것이다.

이번 시집의 제1부에 올린 이「마애」연작에는 열일곱 편으로 구성되어 있다.

> 명치에 돌을 얹고 홀로 사는 삶이여
> 젖은 풀 밟아가며 하늘 문 두드리고
> 눈물로 갈 길 닦는데 어찌 웃고만 있을까

절망을 갈아먹고 푸른 열매 얻는다면,
날개 접고 움츠렸던 그 가슴 펴진다면,
뭉개져 사라진 코로도 깊은 숨을 쉬겠네
–「마애 · 1 –불곡 마애불좌상」 전문

'신라 최초의 마애불, 삼신불이라 추정한다'는 주가 붙은 첫 번째 작품이다.

'불곡마애여래좌상'은 경주 남산 북쪽 기슭 낮은 바위에 감실龕室을 파고 새긴 마애여래좌상이다. 우리나라에서 감실을 파고 불상을 고부조로 새긴 최초(7세기 추정)의 사례로 보물 제198호로 지정되어 있다. 선정인禪定印 형태의 수인手印한 채 가부좌를 하고 머리를 약간 앞으로 숙이고 두 손은 소매 자락 속에 넣은 다소곳한 모습이다. 비교적 낮은 육계肉□에다 부처 특유의 머릿결이 전혀 표현하지 않는 둥근 얼굴에 미소를 띠고 있는 모습에서 마치 어머니의 모습이 연상되기도 한다. 이 불곡 마애여래좌상은 그러나 이후 남산에서의 수많은 마애불이 조성되는 단초를 제공하여 가히 경주 남산 불적의 시작이라는 점에서 주목된다 하겠다.

그러나 오은주의 작의가 이 마애불을 소재로 불교 사적을 알리려는데 있는 것은 아닐 터이다. 이 같은 대상물은 제작한 사람의 의도가 있을 터이고 그것을 바라보는 사람이 있을 것이다. 그리고 오늘에 이르러 견지자로서의 시적 화자가 활용하고자 하는 방편이 각각 있을 것이다. "명치에 돌을 얹고 홀로 사는 삶"이란 과연 누구의 것인가. 바위굴 속에 천년 넘게 꼼짝없이 갇혀있는 마애불의 것일까. 아니면 그것을 바라보는 일반 중생들의 자각적 삶을 지칭하는 것일까. 그도 아니면 독자를 향한 시인의 깨우침일까. 아마도 생멸을 초월하여 여여한 존재를 확인하고 자각의 순간을 갖도록 한 최초의 방편에 대한 외경심의 표현일 것이다. 그러기에 "눈물로 길을 닦는데 어찌 웃고만 있을까"라며 실존적 거리를 인정하지 않았던가.

"절망을 갈아먹고" "날개 접고 움츠렸던" 시간에의 여행은 그러나 "뭉개져 사라진 코로도 깊은 숨을 쉬겠네"라는 둘째 수의 마무리는 바로 한 위대한, 그러나 초월적 질서에 대한 무한한 신뢰에 다름이 아니다.

한 집 건너 걸려있는 점포세 상가 임대
화려한 불빛들은 벼랑 끝에 숨죽이고
불 꺼진 캄캄한 간판 빈 골목을 잡고 있다

소리 없는 아우성일까 수시로 바뀌는 상호
한평생 남의 옷만 다림질하던 김 씨 부부
갚아도 마이너스 통장 몸집만 부푸는데

애끓는 한숨소리 허공에 집을 짓고
명치에 얹힌 체기滯氣 숨 멎을 삶의 뒤란
언제쯤 가슴 뻥 뚫릴까, 한 모금 사이다처럼
–「마애 · 8 –삼릉계 마애관음보살입상*」 전문

이 작품은 "하늘에서 하강하는 모습으로 왼손에는 정병을 들고 있다"라는 주를 달고 있다. 하지만 정작 이 작품에서는 관음보살입상이 주체가 아니고 하나의 방편으로 작용하고 있다. 관음보살은 자비로서 중생이 관세음보살의 명호를 부르면, 곧바로 그 소리를 보고서 그 소원을 성취시켜 주는 역할을 맡고 있다. 관음, 즉 '소리를 본다'는 의미는 소리 하나만으로도 중생의 마음을 헤아려 구제할 수 있는 탁월한 능력을 상징하는 말이 되겠다.

이 작품 역시 어느 행간에도 삼릉계 마애관음보살입상이 등장하지 않는다. 관음보살이기에 "불 꺼진 캄캄한 간판 빈 골목을 잡고 있"는 아픈 시대와 "갚아도 마이너스 통장 몸집만 부푸는" "김 씨 부부"의 실상만 흘려도 "한 모금 사이다처럼" "가슴이 뻥 뚫"리게 해줄 것이라는 발원을 대신하고 있다. 그런데 이 작품이 만약 독립된 한 편으로 발표가 되었더라면 정말 낯설고 생뚱맞아 혼미스러울지도 모른다. 연작 시 가운데 자리 잡아 「마애」를 통해서 전하고자 하였던 다양한 발언 가운데 하나의 방편으로 제 역할을 할 수 있었다.

붉은 해를 업고가다
이젠 내려놓겠네

되돌아올 수 없는
고요의 초상 아래

뜨거운
지하 문 열어
풀꽃으로 피겠네
—「마애 · 15 – 약수곡 마애불입상」 전문

약수곡 마애불입상은 불두가 없는 모습으로 남아 있다. 불두를 제외한 몸길이만 8.6미터 크기로 경주 남산의 불상들 가운데서도 그 규모가 가장 크다. 9~10세기 경에 조성되었을 이 거대한 불상을 만든 이는 무슨 서원을 여기에 담았을까. 3층 집의 높이 정도라면 오늘날의 장비와 기술로도 결코 용이하지 않은 규모임을 감안하면 당시의 장비로 이만한 크기의 불상을 새겼을 때는 분명히 개인적인 소망을 넘어서는 발원이 있었을 것이다.

이 작품은 가장 큰 불상을 두고 가장 짧은 행간으로 조합을 맞추었다. 대저 무엇을 느끼고 무엇을 전하려 하는가. "극락왕생을 기원하며 독자적으로 조성했을 것이라 추정한다"는 주를 붙였지만 이 작품을 이해하는 데는 하나의 사족에 불과하다. 이렇게 어마어마한 불사를 펼치는 믿음의 궁극에 존재하는 가치질서를 하나의 인식에서 찾아 동일시해버린다는 것이 무슨 의미이랴. 그래서 오은주 역시 화두나 다름없는 세 문장을 던져놓았다.

먼저 초장의 "붉은 해를 업고가다/ 이젠 내려놓겠네"부터 보자. '붉은 해'는 인간 세상의 질서가 아니다. 하지만 사람들은 저마다 인간사에서는 실현이 불가한 미몽 하나쯤은 지니고 살기 마련이다. 그토록 거대한 불두를 내주고도 천년의 세월을 이겨내는 이 마애불 앞에서라면 헛된 망상쯤은 내려놓을 수 있지 않겠는가. 어쩌면 압도당한 위엄 앞에서의 반성적 성찰에 다름 아니다.

중장의 "되돌아올 수 없는/ 고요의 초상 아래"의 사유는 또 어떤가. 거대한 머리는 어디로 갔는가. 의당 불교 배척기간에 엄청난 무력을 동원하여 굴려버렸을 것이다. 그러니 "돌아올 수 없는" 것은 당연하고 그 머리가 있었던 자리, "고요의 초상"은 지금 '색즉시공

공즉시색'의 깊은 대답으로 다가온다. 그리고 종장의 "뜨거운/ 지하

문 열어/ 풀꽃으로 피겠네"에 오면 '일체유심조'라는 마음법의 이해에 도달하게 된다. 그렇게 인자한 모습의 얼굴로 존재하였을 돌과 지금은 "고요의 초상"으로 변해버린 실상이 어떻게 다른가. 사람들의 논리 속에서 바뀌어지기를 바랐다면 돌의 본성이 아니라 "풀꽃"이라는 전혀 다른 모습으로 바뀐다 해도 그 또한 둘이 아님을 말하고자 한 것은 아닐까. 이 작품에서 이번 시조집의 표제가 나왔다는 점을 보면 상당히 고심한 작품이라 여겨진다.

경주 남산의 대표적인 마애불을 답사하여 친견하면서 관찰하고 사색한 오은주가 말하고자 한 것은 무엇일까. 어쩌면 붓다가 삶의 불평등과 고통에 대한 물음을 해결하기 위하여 궐을 떠나 출가하던 까닭에서 답이 있지 않을까 싶다. 그것은 진정한 자아를 찾는 일이며 자신의 자세를 찾는 일이며 자신의 역할을 찾는 일에 다름이 아닐 것이다. 만약 삶에 있어서 수학이나 과학에서의 공식처럼 획일화된 해답이 적용된다면 얼마나 단순할 것인가. 하지만 하나의 물음에도 세상의 대답은 제각각이고 보면 환경에 따라서 시대에 따라서 언제나 다른 대답을 준비해야 하지 않겠는가. 이번 「마애」연작은 수많은 목적으로, 수많은 모양으로 자신

의 답을 형상화한 마애불을 방편으로 자아의 의식공간을 확장하고 미래지향적 가치질서를 확보하려는 노력의 진정성이 돋보이는 기획으로 읽힌다.

3

주변의 환경에서 접할 기회가 많은 탓인지는 몰라도 「마애」 연작 이외에도 이번 시조집에는 많은 불교 유적이 등장한다. 하지만 대부분이 앞에서와 마찬가지로 외형 묘사나 자신의 심회를 풀어놓는 터치가 아니라 깊은 사색과 사유의 거름망을 거친 여과물들이다. 그 가운데 유독 한 폭의 반 추상 풍경화 같은 작품이 눈에 띈다.

누가 천마天馬 타고
하늘 돌 실어 와서

천 척 난간 위에
탑을 쌓아 두었나

무시로
달꽃이 피는
기다림의 바지랑대
　—「용장사 삼층석탑*」 전문

용장사는 매월당 김시습이 『금오신화』를 쓰며 머물던 곳으로 잘 알려져 있는 폐사지이다. 그 절터를 감싸고 뻗은 동쪽 바위 산맥의 높은 봉우리에 삼층석탑이 조성되어 있다. 그런데 이 탑의 특징은 당시의 가람배치를 따르지 않고 가람과는 상관없이 세워졌다는 점과 탑의 기단이 2단밖에 없다는 점이다. 자연암석을 중심으로 한 바위산 전체를 하층 기단으로 삼아 자연과의 조화를 강조한 통일신라시대의 미의식을 유감없이 보여준 것이다.

이 빼어난 지형 선택과 우주관을 엿볼라치면 감히 어떤 사람들이 꿈이라도 꾸겠는가. "누가 천마天馬 타고/ 하늘 돌 실어" 온 것이 아니라면 어떻게 설명이 가능하겠는가. 깎아지른 바위벼랑, "천 척 난간 위에/ 탑을 쌓아 두었"다면 몇 톤씩이나 되는 무게를 어떻게 들어 올려 정교하게 쌓을 수가 있단 말인가. 인간의 의지와 지극한 정성이 들어간 공력에 대한 예찬이다.

문제는 그 같은 예찬은 조금씩 과장법을 쓰면 접근할 수도 있을 것이다. 그런데 "무시로/ 달꽃이 피는/ 기다림의 바지랑대"로 종장을 마무리하였다. 지나치리만치 고도의 은유가 아닐 수 없다. 만개한 '달꽃'을 보름달로 보자면 한 달에 한번이다. 그것은 그 자체로 기다림의 결실이다. 수많은 민초들이 그 기다림 끝에 완성되는 불생불멸의 환영처럼 달을 받들고 "달꽃이 피는" 탑돌이를 하였던가. 그런데 이 시편의 반전은 약한듯하면서도 굳건히 대중들의 일상을 받쳐주는 바지랑대와 석탑을 일체화 하였다는 점이다. 자신을 낮추어 상대를 높이는 하심下心의 겸양이 여기서 독자들의 마음을 서늘하게 만든다.

"농사를 지어도 굶주림이 그 안에 있다."
십 년 넘게 소식 없던 제자에게 보낸 서신
봉투도 형식도 없지만 침鍼 같은 말씀이여

소나무에 등을 기대 달빛 안은 큰 바위
물 한 모금 못 삼켜도 큰 뜻 받아 적었던가
스승의 무명빛 사랑, 길을 닦는 회초리여
–「편지 –다산초당에서」 전문

이 작품 역시 '『다산여황상서간첩(茶山與黃裳書簡帖)』 수록 정약용 친필 편지'라는 주가 붙여진 현장 시이다. 일반적으로 현장시의 경우 주로 서경을 읊조리는 경향이 많은데 비해 오은주의 관심은 외피적인 모습보다는 그 대상의 시대사적 의식에 초점이 맞춰져 있다. '다산초당에서'라는 부제로 보아 현장에서의 시적 동기에 충실하였을 터인데도 정작 이 시편에서는 다산초당의 외양이 전혀 언급되지 않고 있다. 다만 시대의 석학이자 스승인 다산이 제자에게 보내고자한 삶의 진정성을 흠모하는 감동을 기록하고 있다.

다산초당이 어디던가. 신유사옥에 연루되어 강진으로 귀양 와서 유배생활을 하던 다산이 이곳 윤규로의 초당으로 거처를 옮긴 뒤 10여 년간 『목민심서』, 『흠흠신서』 같은 수많은 저술을 남긴 우리나라 실학사상의 산실이 아니던가. 신선놀음이 아니라 그것도 유배생활의 고초를 감내하면서 말이다. 그 거룩한 역사의 현장에서 시인은 또 하나 다산이 제자에게 보낸 편지의 사정을 알게 된 것이다.

첫 수를 보면 "농사를 지어도 굶주림이 그 안에 있다"라는 삶의 궁핍이 어찌할 수 없는 제자의 가슴에 "침鍼 같은 말씀"으로 다가갔음이니 가슴이 아려오는 쪽은 화자인 시인의 가슴이다. 그리고 나아가 비록 "물 한 모금 못 삼켜도 큰 뜻 받아 적었던" "스승의 무명빛 사랑, 길을 닦는 회초리"를 대신 맞고 있다. 아무리 맞고 또 맞아도 '사랑의 회초리'임에랴 어찌 아픔이라 말하리.

다산과 연관된 또 하나의 가슴 뭉클하고도 아픈 시편이 여기 있다.

그리움도 깊어지면 노을빛으로 물드나요

아비의 붉은 사랑 한 획 두 획 따라가면

허공은 먼 길을 열어 두 가슴 잇습니다

답신이야 있든 없든 북향하는 뜨거운 부정

먹물보다 깊은 사무침 차마 다 못 전해도

긴 어둠 말갛게 걷고 마음 먼저 닿습니다

—「하피첩」 전문

하피첩霞帔帖은 다산 정약용이 귀양지 강진에서 부인이 보내준 치마로 만든 서첩을 말한다. 귀양생활이 길어지자 부인은 자신이 시집올 때 입고 온 붉은 치마를 인편으로 다산에게 전한다. 다산은 부인의 정을 새기면서 치마를 뜯고 종이를 덧대어 네 권의 서첩을 만들었다. 거기에 두 아들을 위한 당부의 내용을 다양한 서체의 편지로 써서 보내게 되는데 아버지로서의 역할을 다하지 못한 안타까움이 절절히 스며 있다. 이 작품의 소재 또한 그 편지첩이다.

물론 오은주도 여기에 얽힌 사실이나 정황들을 언론보도를 통해서 접하게 되었으리라 여겨진다. 간접

체험이지만 실천하지 못하고 가슴 속에만 묻어두었던 "아비의 붉은 사랑"을 "한 획 두 획 따라가면"서 허공으로나마 "먼 길을 열어 두 가슴 잇"는 상상에 젖게 된다. 물론 답신이 오리라는 기대를 하고 쓴 편지는 아니지만 "먹물보다 깊은 사무침"을 글로 써서 보낸 사실만으로도 "긴 어둠 말갛게 걷"히고 두 "마음 먼저 닿"았으리라 아무도 의심하지 않는다.

이러한 현장에서의 시적 동기를 방편으로 자신의 숨겨진 내면을 찾아내고 자아를 확장시키며 보편적 가치를 구하는 자세로 보면 오은주의 시들은 비교적 소재주의를 선택하고 있다고 보인다. 대체적으로 현장을 근거로 세상읽기와 시대진단을 하는 시작법은 그러나 자칫 이미 알려진 보편적 사실로 인해 개별적 상상력의 제약을 받을 수 있다는 점에서 보다 심도 있는 접근이 필요하다.

4

오은주의 많은 시편들이 현장을 중심으로 관찰하고 사색하는 데서 결실을 만들어내고 있지만 또 다른 작품의 미덕은 사물에 비춰진 자신의 생각을 톺아 보고 사회적, 시대적 공동체와의 소통을 전제로 한 자기모색에 있다. 시를 쓰는 목적이 어쩌면 모든 생각과 행동과 삶의 진정성을 찾아가는 수단이고 방편이어야

한다는 그의 판단은 어쩌면 결벽스러우리만치 바르고 깊다.

다양한 현장에서 맞닥뜨리는 사건과의 조우를 그는 과연 어떻게 대처하고 있을까.

방에 있는 똥 한 덩이
오물이라 말하고

논에 있는 똥 한 덩이
거름이라 말한다

먼 길을
찾아 헤매던
답 하나 찾은 저녁
–「생각」 전문

언뜻 '해골바가지에 담긴 물을 마시고 대각을 이룬 원효스님의 일화를 떠올리게 하는 시편이다. '일체유심조一切唯心造'라 하였던가. 어떤 물상이던지 오로지 하는 정체성을 지니고 있지는 않다. 환경에 따라서 변하고 시간에 따라서 변한다. 생명체가 지닌 본능적인 욕망의 체제로 보면 모든 사물이 원하는 쪽으로만 보이기 마련이다. 생각은 매번 다르게 반응하고 작용하기 때문에 일정한 형상이 없다. 우리가 마음과 생각을 혼동하는 까닭이다. 마음은 하늘같은 공간이고 생각은 비 오고 구름 끼듯이 그 공간에서 일어나는 순간의 상태를 말하기 때문이다.

초, 중장에서 "방에 있는 똥 한 덩이/ 오물이라 말하고// 논에 있는 똥 한 덩이/ 거름이라 말한다"는 논리의 실체가 존재하는 것이 아니라 필요한 생각의 가시적 단정이라는 점에 동의를 보태고 있다. 생활의 일상에서 생각의 가변적인 실상에 공감하는 일이 어디 한두 번 뿐이랴. 그럼에도 자신이 원하는 것과의 거리감 대문에 괴로움을 떨쳐내지 못하는 것이다. 그래서 "먼 길을/ 찾아 헤매던" 고통과 번민을 잠재우기 위한 '똥'과 '거름'의 차이를 수긍하는 "답 하나 찾은 저녁"의 평온을 선택하게 된다. 전혀 새로울 것이 없는 주제이면서도 구체적인 예시를 보여줌으로써 공감대를 이끈 작품이다.

뒤에서 들여다보는 네가 더 선명하다
수 천 마디 언어를 품고 있는 굽은 척추
웅크린 그 어깨너머 바람소리 맵차다

그대 등 뒤편에서 그리움을 배웠다
마음이 건너오는 그 길이 너무 멀어

사라진 온기를 찾아 걷고 있는 상강霜降의 아침
—「등」 전문

일생을 살아가는 먼 여행길에서 보자면 앞으로 나아가는 일만큼이나 등 뒤에서 일어나는 상황이 중요할 때가 있다. 자동차 하나만 예를 들어봐도 백미러가 없다면 온전히 목적지에 도달하기란 결코 쉽지 않다. 뒤를 본다는 것은 온전히 앞으로 나아가기 위한 수단이기 때문이다. '등'이라는 눈으로 볼 수 없는 든든한 배경이다. 가슴과 머리를 받쳐주는 몸의 뒤는 말할 것도 없고 그리운 추억이나 지나간 역사도 등에 해당한다. 지금 오은주는 앞으로 나아가느라 외면해온 그 '등'에 관해 사색에 잠겨 있다.

"뒤에서 들여다보는 네가 더 선명하다" 그렇다. 삶의 일선에서 너무 앞으로만 달리느라 외면해온 "수 천 마디 언어를 품고 있는 굽은 척추"를 생각해보면 가슴이 먹먹해진다. 마치 나무를 살아있게 하는 뿌리는 정작 눈에 보이지 않듯이 보이지 않는 곳에서 숨 가쁘게 쫓아가는 삶을 지탱해야 하는 등의 "웅크린 그 어깨너머 바람소리"를 한번이라도 온전히 기억한 적 있었던가.

돌이켜보면 항상 존재하되 보이지 않는 "그대 등 뒤편에서 그리움을 배"워야 했을 터이다. 서로가 앞만 보면서 자기를 내세웠기에 그 언제 등을 보인 적이 있었던가. 등이 취약점이 아니라 앞으로 나아갈 먼 길을 위한 보완점이라고 생각해보면 쉬운 수습책이 될 것인데 말이다. 서리가 내린다는 "상강의 아침"이 되어서야 지나간 여름의 무성함을 돌아보듯이 "마음이 건너오는 그 길이 너무 멀어/ 사라진 온기를 찾아 걷고 있는" 마음의 산책 시간이다.

자신을 찾아가는 생각의 만행은 그러나 여기서 그치지 않는다.

가야 할 길 하나와 가고픈 길 사이에
못다 꾼 꿈이 있어 무릎 고쳐 앉으면
불현듯 돌아와 묻는 옛 스승의 선문답

무뎌진 붓끝 비껴 여명이 오기까지
겨울밤 홀로 깨어 펼쳐든 원고지에
달빛이 한 획을 긋자 두 획을 지우는 바람

백 년에 백 년이 가도 꼿꼿이 걸어갈 길
멈췄다 다시 걷는 어느 초인의 손끝 따라
도도히 문장을 치며 날아가는 새 한 마리

—「비백 飛白」 전문

비백은 붓을 의도적으로 마르게 하거나 속도를 조절하여 붓이 지나간 자국에 흰 여백이 생기게 표현하는 운필효과를 이르는 말이다. 중국 후한 시대 채옹蔡邕이 솔가지로 글씨를 쓰는 것을 보고 고안해낸 방법이라고 전해진다. 일반적으로는 붓에 먹을 묻혀서 그 붓이 지나간 자국을 기대하는 것이 정석이지만 오히려 흔적을 남기지 않는 운필법으로 독자적인 기교를 표현함으로써 차별화를 꾀했던 것이다.

어떤 글씨였는지는 모르겠지만 오은주에게 자국을 만들되 자국을 남기지 않는 이 이율배반의 이치가 시작업의 흥미로운 태제로 다가오게 된다. 그리고 그 글씨가 주는 내용이나 의미와는 별개로 비백이 주는 의미를 관찰하고 상상 공간 안으로 읽어 들였다. 그랬다. 그리하여 삶의 "가야 할 길 하나와 가고픈 길 사이에/ 못다 꾼 꿈이 있어 무릎 고쳐 앉"게 하는 대답 하나를 찾아낸다. 바로 "옛 스승의 선문답"이다. 시조를 써오면서 의도와 결과가 매번 일치하지 않았듯이 의도한 대로 남지 않는 비백이야말로 스승의 선문답이 아니랴.

그리고 긋고 다시 그리다보면 원래 그리고자 한 의도가 무엇이었는지도 모르는 때가 좀 많은가. 그러기에 다시 그리고 또 긋게 된다. 그리하여 "무뎌진 붓끝 비껴 여명이 오기까지/ 겨울밤 홀로 깨어" 원고지와

씨름을 하게 된다. 하지만 그 "펼쳐든 원고지에/ 달빛이 한 획을 긋자" 바람은 "두 획을 지우는" 것이 아닌가. 그리고 마지막 수에서는 오은주의 시조에 대한 결심을 내비친다. "백 년에 백 년이 가도 꼿꼿이 걸어갈 길"이 곧 그것이다. 하지만 결국엔 자신의 능력의 한계를 벗어나지 못하고 "멈췄다 다시 걷"겠지만 언젠가는 "어느 초인의 손끝 따라/ 도도히 문장을 치며 날아가는 새 한 마리" 완성시킬 날이 오지 않겠는가. 시조에 대한 뜨거운 열정과 의지가 잘 드러난 수작이다. 이렇게 붓자국 속에 남은 비백 하나를 놓고 가열한 삶의 의지와 시작의 외경심을 입사하여 명품을 만들어내는 이가 얼마나 되겠는가.

그럼에도 불구하고 오은주의 시작업은 그리 순탄하기만 한 여정은 아니다. 더욱이 첫 시조집에서 보여주었던 깊은 사색과 사유 넘치는 시편들을 생각하면 조급해지고 가로막힌 장애물과의 숨 막히는 대결의 연속이다. 다음의 시편이 그것을 충분히 대변해주고 있다.

잠가둔 열쇠 풀자
똬리 튼 말 넘친다

껍질째 뱉은 언어

칼인 줄도 모르고

수북이
쌓인 찌꺼기
증언처럼 껴안은 몸
–「창고가 되다」 전문

굳이 현미경을 들이대지 않더라도 그와 시작업은 어떤 관계였으며 어떤 의미였는지를 보여준다. 사람들은 대체적으로 하루에 세끼씩을 먹고 생명을 이어간다. 그런데 계절이 매번 바뀌고 또 먹잇감이 없을 때를 대비해서 창고를 만들어 보관하게 된다. 아무리 창고에 먹잇감이 많아도 그대로 자신의 배가 부르는 것은 아니다. 또 아무리 끼니때가 되어도 창고에 먹잇감이 없으면 굶는 수밖에 없다.

창고 밖에 "잠가둔 열쇠 풀자/ 따리 튼 말 넘친다". 언어의 창고요, 문자의 창고이기 때문이다. 거기에서 끄내어 "껍질째 뱉은 언어/ 칼인 줄도 모르고" 마구 휘두르고 잘라내지만 정작 요리법을 모르거나 요리의 방향이 정해지지 않으면 그저 우왕좌왕할 뿐이다. 몇 차례 다시 시도해보지만 여전히 "수북이/ 쌓인 찌꺼기/ 증언처럼 껴안은 몸"을 자각할 따름이다. 그러나 제대로 된 자각과 뉘우침이 섞인 반성적 성찰이 이 창고의 보물이다.

5

시조집 『고요의 초상』을 읽으면서 2015년 〈경상일보〉와 〈국제신문〉 신춘문예 당선으로 화려하게 등단한 오은주가 첫 시조집 『달빛 길어 올리기』에 이어 두 번 째 내놓는 시조집인 만큼 시작의 방향성에 주목하였다. 아무래도 첫 시조집에서는 습작기의 다양한 양태가 혼재하였을 것이라 가장한다면 지금쯤은 시작업을 통해서 앞으로 구하고자 하는 대답의 갈래를 유추할 수 있기 때문이다. 감각적인 언어의 선택이라던지 문장의 기교는 일시적인 청량감은 줄 수 있을지 몰라도 독자들의 심리적 갈증을 해소하는 데에는 미치지 못하기 십상이다. 또한 심오한 사상이나 난삽한 명제를 향한 불안한 접근 역시 적확한 처방이 되기 어렵다. 그러기에 자신이 감내할 수 있는 형이상적 가치를 보편적 질서로 서술해내는 성숙한 자세를 기대하면서 읽게 되는 것이다.

그런 면에서 오은주의 이번 시조집은 인식의 확장과 물음의 신뢰를 담보하기 위하여 방편을 활용하였다는 점에서 주목되기에 충분했다. 그 가운데 특히 마애불이 갖는 시대적 가치와 미의식의 추이를 집중적으로 관찰하고 현실적으로 적용하려한 불교적 상상력은 결과와는 상관없이 성과라 할 것이다. 비록 거기서 연기법이며 불이며 화쟁의 깊이에 닿지는 못했다 하더라도 자아를 찾아가는 소중한 방편이었음에 틀림이 없다. 그 밖에도 사건이나 사물의 정체성 복원을 통한 끊임없는 자기 담금질이 시편마다 가득하다.

하지만 오은주의 시 쓰기는 지금부터일 것이다. 생각의 뼈를 세우고 정신의 기둥을 세워야 하기 때문이다. 게다가 그의 시작업은 천년 넘게 실험과 모색을 끝낸 민족시 시조가 아닌가. 이미 너무나 정연한 그릇이 드러나 있고 그 안에 담을 내용마저 알려져 있다면 독자들에게 신비감을 얻기란 쉽지가 않다. 자신이 아니면 결코 갈수 없는 낭길 하나를 찾아내어야 한다. 그것이 오은주에게 남은 새로운 과제이자 또 다른 도전인 것이다.